Los poetas también han tenido que luchar, a veces.

EKTOR MELENDEZ

I. MISCELANEOS.

Los poetas también han tenido que luchar,
como ejemplo:
contra la esclavitud de los poemas,
que antes eran encarcelados
en métricas y rimas;
contra los quasi eternos críticos,
que no saben escribir
correitamente;
contra los cantautores,
que han abusado de las rimas forzadas;
pero sobre todo
contra los que no piensan,
contra los que no sienten.

También han tenido que luchar
contra neoliberalismos infames,
como el rap y otras barbaridades,
donde las armas (letras)
hieren sensibilidades espirituales,
por no mencionar también a las auditivas.

Pero ¿Quién soy yo para juzgar?
Si tampoco puedo lanzar la primera letra
(piedra),
para muestra este botón, y la siguiente parodia:

"Yo soy el peor de los gansters;
de los Adams, los monsters.
No se dan cuenta de que lo que inventan,

de que me han tirado, en realidad me han levantado,
no estaba recargado en la pared
de la caballeriza de Mr. Ed,
yo había estado recostado en el piso
pero hicieron caso omiso
y no necesito permiso
para meterle un penal a Comizzo,
como si fuera chorizo,
para que el Cruz Azul vuelva a ser campeón
ve y dile al tío Raúl que se ha quedado pelón,
esperando a que un título gane
para que la herida les sane.

Yo soy un hombre muy malo
porque con solo un palo
maté a todos los animales
de las galletas de animalitos
acabando con todos sus males
hay mira que pobrecitos
pero todos se miraban iguales
león y jirafa igualitos se miraban
antes y después de pasar por las mordidas
yo uso ropa Adidas y pobres las jodidas
que saben que de su arte al mío
mi tío prefiere mi Arte…"

Lo siento, el pensamiento
dice que miento,
y el lector calla, su cabeza estalla,

por eso prefiere las ausencias,
porque su oficio es letal y silente.

2.
Hoy no escribo.
Tampoco.

3.
Una ráfaga de verdades, pasando libres, de largo.

4.
Espanta.

5.
El 2 es solo, el 3 y el 4 van juntos.
El 5 es una explicación,
una especie de expiación.

6.
"¿Por qué no te gustan las rimas?"
"porque la sonoridad está sobre valorada,
y a veces, por lo regular, nos manda a la chingada;
claro, hay sus dulces excepciones; pero no puedes andar

oliendo muchísimos pedos, hasta encontrar la fragancia de las flores,
y disfrutar de los amores, con todos los sentidos".

7.
"¿dijiste que el anterior sería tu último libro"
"tenemos la tendencia a repetirnos, no sé si sea mala memoria o la adaptación imprecisa del ser humano para con sus propios errores, imaginando que se avanza, cuando la verdad es que a veces tan solo retrocedemos, y no precisamente para agarrar vuelo".

8.
- "¿Por qué te auto entrevistas?"
- "La falta de amigos con sintonías semejantes, al alcance de la vista, del oído, a pesar de las tecnologías, así que ¿a quien no le gusta leer una carta escrita a mano?"

9.
- "¿será parte de la locura?"
- "obviamente".

10.
Una niña pasea tranquilamente por un parque, mientras a un par de kilómetros
otras sufren, demasiado.

Nos vamos convirtiendo
en seres insensibles,
desconectados,
PERDIDOS, olvidados.

11.
LA BANQUETA.

Ella camina sonriendo coqueta
deslizando su cuerpo por la banqueta,
¡ah! pero cuando lo tiene en su mano
hace una rabieta.

Se queja,
y piensa
que ha pasado de ser soltera bella inteligente
a pobre casada pendeja.

Ahora sale cada semana
con sus amiguis
a beber como marrana.

A tratar de olvidar
su aburrida existencia,
sin poder entender
su falta de paciencia.
Ella quería viajar por el mundo
y lo mas excitante que le ha sucedido
fue que la llevaron a ver a Mundo,
pero a Mundo Miranda.

Cuando lo que quería era
escuchar a alguien de la Nueva Trova,
y no que la llamen boba.

Y así pasan los años
con puros desengaños,
y ahí sigue la misma banqueta
soportando pasos de tacones seductores,
y de la misma historia, nuevos actores.

12.
LA CANCION DE UN CONEJO PENDEJO Y UN BURRO CACHONDO.

Por fin, el Bunny monta un burro y le meten 120 centímetros, pero él es muy valiente,
le va gustando, le parece una serpiente
muy rica, le llega hasta la frente

Por fin, el Bunny no se pasa de corriente,
mientras el burro lo traspasa y le quiebra hasta los dientes.
Que quiere verlo bien, ey
Que quiere sobarle bien, ey

¿Bajarse él? Nah, el nunca se va a rajar,
Bad Bunny con un pisto en la mano no se va a bajar.
Ya salió el Sol y no quiere dormir,
mueve ese culo rasurado de mandril.

Tú cumples tu promesa, de Enero hasta Abril.
Sigue, que te voy a hacer venir
Burro caliente cuenta del uno al mil
tu sigue pa'lante, no te vayas a dormir

Porque saben que aquí siempre coronamo'
Contentos, nunca perdemo'
Burrito cachondo de aquí no no'vamo'
En la V-Wagon siempre prendemo'

Fuck me, ey, a to' el mundo le picheamo'
Porque nadie sabe lo que tenemo'
Y lo rico que se siente cuando chingamo'
Después a la normalidad volvemo'
Sin decirno' te mamo

Por fin, el Bunny monta un burro y le meten 120 centímetros, pero él es muy valiente,
lo va disfrutando, le parece una serpiente,
muy rica, le llega hasta la frente.

13.
Esos raperros con sus letras de campeones,
sin saber que son unos mojones,
insultan no solo a las mujeres
sino también a todas las neuronas.

¿Qué es lo que quieres?
¿mujeres nalgonas?
¿dinero y mucha fama?
¿llevarlas a la cama?
¿creerles que te aman?

Escríbeles cosas románticas,
a menos que quieras a una que sea como tú,
que siempre te diga: imbécil pendejo Trucutú,
y hasta compre tus asquerosos discos
mientras sus ojos hacen bizcos.

Pero ¿Cómo se me ocurre darles mis consejos?
Si acaso llegaran a ser viejos
seguirán repitiendo
puras cosas vulgares.

Ah, raperros tan perros,
ahí síganle
creyendo ser humanos
que ladran y ladran,
y son como becerros
que maman y maman
y nunca se cansan.

14.
¡Ah! La Libertad de expresión.
La Libertad de no hacer nada.

Muy astutos los políticos,
saben que mucha gente al quejarse
se olvida
y ya no actúa
ni en defensa propia.

15.
¡Ah! Perros
que ladran
lanzando dentelladas
al aire.

16.
Yo,
el mas grande escritor
de mi sueño
imaginado,
comprendo que es mejor
quedarme quieto, callado.

17.

Esta maldita manía de no parar de escribir,
aun cuando todo,
casi todo,
me dice y me empuja
a permanecer
en silencio.

18.
Zapatero a mis zapatos,
que ya no aguanto
todos los agujeros.

19.
Dios te libre de la fama,
porque a casi todos los que aterrizan en su cama
los atrapan unas terribles garras
de mujeres, drogas, o las balas.

No todo lo que brilla es oro,
y aunque sea oro lo que brilla
te puede hacer que te caigas de la orilla
no hagas caso de lo que diga el coro,
porque las mayorías, por lo general,
se equivocan y no irán a tu funeral.

20.
Hay canciones que me hipnotizan,
"Bang-bang, I hit the ground";
como aquel poema de García Lorca,

que si no te salva, te ahorca,
"Amor, amor que está herido".

Hay tantas cosas que parece que no sirven,
regadas por todo el universo,
como la antimateria,
tu adiós
y tu silencio.

21.
La tristeza del violín,
la seriedad del contrabajo
la dulzura de tu voz.

El universo se estremece
al ritmo de una canción
de Amor
que sale de tus poros.

22.
He visto a Dios,
en una sonrisa,
en una mueca de dolor,
en una espina,
en una flor.

23.

Mierda, los poetas también
se contagian de Covid.

Esta tos, estas flemas,
que no me dejan respirar
que no me dejan escribir.
No todo es malo.

24.
Veinticuatro horas al día,
te extraño.

Creo,
aunque no es cierto.

A veces duermo dos o tres
horas.

25.
A todo aquel que pague
aunque sea con tiempo,
y comprenda y comparta
pensamientos, ideas o sentires,
con este cadáver andante,
o tal vez ya no,
se lo agradezco.

26.
Ya me voy, no me despido,
por ahí seguiré rumiando letras,
fatigando caminos,
masticando yerbas,
oliendo olvidos,
y perseverando fantasmas.

27.
Hay veces, que Ciorán parece claro, y cierto.
Pero hay desiertos que lo contradicen,
y tormentas, y otras tantas tempestades.

Que resulta fácil gritar
tan solo
para romper el silencio.

28.
¿y como te van a conocer,
querida perla,
si te empeñas en dejar cerrada la puerta,
en lo profundo del mar?

29.
Eso de usar números

me causa escalofríos,
me parece ir contando los pasos
hasta ese dulce abrazo
con la muerte.

30.
Antes el filósofo sabía todo,
así de grande era
nuestra ignorancia.

31.
Ahora creemos que Google
tiene un doctorado.
Pobres ingenuos,
pobres ingenieros.

32.
Ni siquiera Jordan merece
este número
al revés volteado.

33.
Muchos dicen que era la edad de Cristo.
Muchos dicen que ES la edad de Cristo.

34.

¿Cómo con tantos hombres, y nombres,
son tan pocos los grandes,
tantos los olvidados?

35.
"y tendrá una marca, en el nudillo del dedo
índice, de la mano derecha…"
pocos saben que yo escribí esa profecía,
después de que me corté lavando un vaso.

36.
"qwertyuiop" – y pensé que ya estaba listo para
escribir la mejor novela de todos los tiempos.

37.
Los poetas también han tenido que boxear,
a veces en un ring,
otras en un box spring.

38.
Decir dulzura, a su oído tierno,
besar un "te quiero", en sus labios temblorosos,
poseerla hasta los tuétanos,
todo eso puede generar un amor del bueno.

39.
Algunas frases son como balas,
si no te matan,
te dejan temblando.

40.
Hay recuerdos,
que a veces llenan el tiempo
que de otra manera
hubiera sido perdido.

41.
La crujía "J",
y la historia del 41;
creo que se complementan,
hay tantas historias interesantes
y llenas de llantos, y espantos.
Pobrecillos, pobrecillas.

42.
Hay ciertos detalles
que son los que te dicen
si aquellas mujeres te amaron
o no.

Espero y me perdonen.

43.
Hoja que escribía, hoja que terminaba en el cesto de basura.
Era mi escritor favorito…

44.
…Yo trabajaba recogiendo basura,
su bote lo ponía aparte,
y por las noches navegaba por sus mundos imaginados,
hasta que alguien fue con el chisme,
y me corrieron.

45.
¿Cómo explicarle a la banqueta
que contar los pasos que la recorren
no sirve de nada?

46.
Así pasa con toda esa gente
que no puede disfrutar de un poema.

47.
Hay tantas cosas que extraño,
y que no volverán.

48.
¡Pero cómo has envejecido!
Solemos decirle al espejo,
creyendo que se trata de un viejo amigo.

49.
Me gustaría estar en una casita de barro,
rodeado de plantas, con piso de tierra,
leyendo aquellos viejos libros que algún día me gustaron, tomando un café caliente
y un pan con mantequilla, pero un pan de esos artesanales, no de las mierdas
fabricadas por máquinas frías…

50.
…me gustaría ver pura gente sonriendo, a ninguno de esos con esas caras de enojo,
arrugadamente horribles que me llenan de espanto, y me hacen pensar
que un buen futuro nunca existe.
A todos como si fueran niños, con la inocencia a cuestas, listos para el saludo,
o para ignorarte; que si no te ofrecen, tampoco te pidan; y si te dan
que sea un buen pan, de ese, artesanal.

51.
Me gustaría ver a mis antiguos amores,
imaginarios, junto a mí, queriéndome tanto.

52.
Me cansé de muchas cosas, pensé,
¿sería que mi cuerpo se cansó de ser joven?
Preguntas, ideas, recuerdos, imágenes, todo era mental,
no había olores en todas esas cosas,
ni los recuerdos al tocar su piel.

53.
Melancolía, nostalgia, y el cielo gris,
con todos los recuerdos de París,
de París Hilton
y París Jackson
en aquellas portadas.

54.
Estoy cansado,
no se si serán séquelas del Covid,
o de la vida.

55.
Ahora comprendo un poco mejor a Ciorán,
ese amigo que me habla con sus frases cortas…

56.
…lo mismo que a Salomón,

pero con diferentes tipos
de experiencias.
Con frases que parecen balas de cañón,
pero con nada nuevo bajo la luna.

57.
¿Qué es un poema? – me dijo con su dulce voz.
La miré, y me quedé dormido.

58.
Espero que a todos les llegue su propia Maga
(de Rayuela de Cortázar), en algún lugar,
no importa que no sea París,
en algún momento,
fugaz, supongo.

59.
Los escritores luchan por sobrevivir,
nunca es un oficio que les permita
dedicarse solo a él, a ella.

60.
"A los 30 tendré un millón a dólares" – le dije a los 21.
A los 35 me preguntó por mi cuenta de banco.
"A esa edad uno no sabe nada" – le contesté.

61.
Hay tanto del pasado que no recuerdo,
por eso lo que recuerdo
lo saboreo tanto.

62.
Esta reconstrucción mental que pretendo
se ha convertido en un castillo de naipes,
donde los cuartos vuelan por los aires.

63.
Con otro 6 se vuelve palíndroma,
con otro 6 y me voy embriagando,
con otro seis y se vuelve una postura,
que bien podría ser dulce.

64.
Y ahí vamos,
necios, aferrados,
persiguiendo la Nada.

65.
Poco a poco,
paso a paso.

Poco a poco,
vaso a vaso.

66.
Hay ciertos bares que tienen algo de magia,
¿o será tu presencia?
¿o su ausencia?

67.
Las ventanas,
los ojos;
la luz de la luna,
reflejos de plata.

Las blancas sábanas,
el abrazo.

68.
Otra vez el cansancio,
los recuerdos,
las ideas,
la imaginación.

Lo que pudo haber sido,
lo que pudo haber sido olvidado.

Pasan las horas,
pasa la vida.

69.

Hubo alguna vez en que quise escribir
tantas cosas,
pero siempre queda esa especie
de sentir,
de no haber dicho nada.

II. RECUERDOS Y OBSESIONES.

1.
Mil años después, apareces…

2.
…y mil años después, te vuelves a esfumar.

3.
"hay que bonito es volar, a las dos de la mañana",
pero esa era la hora precisa de huir,
de aquellas sábanas tibias.

4.
Era noche ya.
Y el exitoso empresario paseaba su mirada desde las alturas,
sobre edificios que ahora le parecían pequeños,
de aquel Manhattan oscuro y gris, llenos de luces.

Mientras su linda y joven esposa gemía
en los brazos de un desconocido.

Todos, de una manera u otra,
tratando de minimizar
las terribles consecuencias y amarguras,
que la conciencia les habría concedido
desde algún ayer,

en específico.

5.
Las miradas no suelen provocar siempre
agradables efectos.

6.
¿Quién fuera a adivinarlo?
Que aquellas niñas de dulces e inocentes sonrisas
habrían de convertirse
en estas locas
que quieren despellejar tu alma.

7.
El rey miró al bufón despectivamente,
luego le dijo:
"si no fuéramos dos pobres casi muertos de hambre,
y yo tuviera al menos un solo verdugo a mi servicio,
ya te habría mandado ejecutar".
"Payaso" – pensó el bufón.

¿Cuántas veces no nos quedamos callados
Por miedo a que el supuesto rey
tenga algún As bajo la manga?

8.
Si analizáramos
todo el mundo que hemos creado en nuestra mente,
tal vez
pudiéramos ser libres…

9.
… es decir:
Somos Libres,
si pensamos.

10.
Uno de los cinco problemas
es que creemos demasiado en el Azar,
Destino, Horóscopo,
y no sabemos (u olvidamos)
de la tercera ley de Newton
(y sus derivadas).

11.
Otro de los siete problemas
es que dejamos de aprender
(y nos quedamos en la misma cuenta),
es decir: que no nos damos cuenta.

12.
La vieja tose. ¿será el Coronavirus o el Sereno?
13.
Hay que reír, a veces.

Una vez a un amigo le dio mucha risa
un incidente que pasó,

lo malo fue que estábamos
en un funeral.

14.
No es bueno tener un calambre,
a la hora del…

15.
… no, este no es epílogo de lo anterior.
Ni es nada.

16.
¿Será que el cansancio
también afecta a los poetas?

¿Y a mí?

17.

Es de madrugada,
y extraño a la mujer perfecta,
que por cierto no está en la Luna,
ni era perfecta.

Y últimamente
no puedo programar
ni siquiera mis sueños,
¿o será simplemente
que no los recuerdo?

18.
Si me das, Amor,
te partirás en dos;
porque yo no sé, Amar,
solo se decir
verdad.

A veces.

19.
Quise escribir
quise escribir un poema
quise escribir un poema romántico
quise escribir un poema romántico, para ti.

Y me acordé de Vallejo,
"ni siquiera espuma",
ya estaba muy viejo,

y las ideas golpeaban el cráneo.

("eso no es pretexto" – dijo ella).

Entonces decidí que lo mejor sería
decirte al oído
palabras dulces
y me acordé del chiste del ignorante
que le dijo a su mujer "azúcar, miel, cacao",
ya estaba muy viejo
y ni los chistes me causaban gracia.

Entonces decidí vestirme por una noche
con el traje del mejor amante del mundo,
y explicarte el Kama Sutra y el High Sex,
y entonces comprendí
que nunca se es demasiado viejo,
y al diablo con eso de querer escribir.

20.
La señorita estaba sentada en la barra del bar,
era muy atractiva y se miraba triste,
yo, por mi parte,
prefiero una fea, pero alegre.

Después de diez cervezas, pensé que me sonreía.

21.

Hay tantas historias esperando,
nuestra presencia,
o ausencia.

22.
Aquel ser solitario solía ser alegre, y romántico,
pero se desilusionó demasiado pronto,
en lugar de simplemente comprender
que las mujeres mienten,
casi tanto como los hombres.

23.
"me debes de perdonar setenta veces siete" – le
dijo, con una postura exigente.
"recuerda que mi nombre es Martina" – le dijo
ella mientras empacaba un par de vestidos.
"¿y eso qué? Yo me llamo Eulalio" – dijo él,
satisfecho de su inteligencia para el debate.
"que no soy ni Jesús, ni Pedro".

24.
Las canciones, son medicina, son compañía, son
inspiraciones, pero solo las buenas.

25.
No se siente bien, pero no se siente mal,

haber borrado del 25 al 100.
Este resucitó muy a fuerzas,
como aquel que dejaban vivo
para que le contara al enemigo…

26.
… y sintieran miedo.

28.
Los poetas también han tenido que vivir.
…
Para poder morir.

29.
¿Qué pasó con los recuerdos?
¿Cuáles?

30.
Ah, las dulces mujeres en su juventud,
sobre todo la mental.

31.
Casi todo está escrito.
Hasta cosas que no importan.

32.
Aquellas madrugadas…

33.
Era una noche de año nuevo, o navidad.
El tipo de gabardina entró a su cuarto, de ella.
Después del sexo ambos se sintieron
mas vacíos que antes.

Ella le preguntó cuando él estaba a punto de
salir de su cuarto "¿Agarraste los cigarros?"
"No fumo" – contestó él, sin ninguna emoción
en el rostro.

Me alejé caminando lentamente, entre la neblina
de Londres, fumando, sin pensar en nada.

34.
La fiesta estuvo agradable, buena música, pero
sin cena. Llegaron a un pequeño restaurante,
comieron cualquier cosa, riéndose alegremente y
aún un poco ebrios. Era de madrugada, y las
calles de Nueva York parecían las de cualquier
otra ciudad, sin rascacielos cerca.

Hicimos el amor, nada memorable.

35.
"Estás loco" – dijo Nadine – "Primera y última vez que hacemos el amor debajo de la torre Eiffel". A veces unas mienten, sin saberlo.

36.
"¿Porqué escribes sobre esto?".
"Porque algún día se me va a olvidar, o voy a creer que fue un sueño".
"Pero no se lo enseñes a nadie".
"No te preocupes, nadie va a comprar mis libros".

Y fue como una premonición, ahora no se lo que sucedió en algún lugar que no fuera mi mente.

37.
Habría cosas que solamente ella y yo podríamos volver a recordar, al leerlo.

III. NADA.

1.
Ella llevaba una hora, o mas, con la mirada perdida, luego dijo – "¿te imaginas toda la Nada que rodea al Universo?".

- "No" – le contesté, y seguí haciendo Nada.

2.
"¿Te imaginas la cantidad de Nada que existe entre los componentes del átomo?" – ¿te imaginas ponerte a pensar en como responder a esa pregunta mientras los cuerpos desnudos cabalgan la noche? Claro, no contesté Nada.

3.
Tantos diálogos imaginados,
con la mujer de la Luna.

No creo que haya sido tiempo perdido.

4.
"…tengo mis cantos que poco a poco,
muelo y rehago habitando el tiempo,
como le cuadra a un hombre despierto…" – cantaba Silvio, mientras yo pensaba que era mas feliz que él, mucho mas, así sintiendo tanto, sin pensar.

5.
¿en donde habrán quedado
todas las sábanas blancas,
que cobijaron mis ansias?

6.
Pensar que si no puedes verla
no puede ser bella,
es una mas de las tantas otras estupideces
que han dicho los humanos
que no han vivido lo suficiente.

7.
"se tenía que decir…" – otra mas de las frases
inservibles, como "literal", "o sea".

La Nada nos envuelve, sin dar abrigo.

8.
La Nada,
rellenando casi todo el tiempo
entre nacer y morir.

9.
Es terrible levantarse de madrugada
y sentir La Nada, clavada en el pecho.

10.
Al menos las distancias pueden recorrerse,
y algunos momentos, recordarse.

11.
Hay ciertas condiciones que nos parecen
perfectas, para soltarle la rienda a la nostalgia.

12.
En estos momentos se van mezclando
algunos conjuros, que pretenden, inútilmente,
de alcanzarnos.

13.
Claro que Dios existe, si crees que Todo se
inventó (desarrolló) a sí mismo,
¿como podrías creer
que lo mismo le sucedió a la Nada?

14.
Aparte de cualquier alienación rockanrolera
o metafísica que pudiera afectar los billones
de cerebros, si alguien me cree, mi amigo el
Pollo y yo "vimos" a Dios, y nos salvó de ciertas
fuerzas malignas.

15.
"everybody is looking for something"
es el Ego, que no te deja en paz,
sobre todo desde que se inventó
el concepto de "mío" o "mía",
"que no es lo mismo, pero es igual".

16.
La situación era insostenible,
a la vida le encantaba hacer bromas pesadas.
Ambos sabían de las traiciones, engaños,
y otros pormenores.

Sin embargo, la costumbre (la rutina)
era también algo necesario,
según sus puntos de vista.

Tal que por poco y las agresiones
parecían ser sobrevivibles.

Cada uno pensaba ser mejor que su pareja.

Pero esa noche se dijeron adiós.

17.
Ella no quería sexo, y él era un animal.

Ella se fue triste, enojada, desilusionada,
a las tres de la mañana, a tomar el subway.

18.
Los adioses a veces son necesarios,
para la salud física, emocional, mental,
y del alma.

¿del alma?

Bueno, de la Alma, una jovencita de 19 años,
quien trataba de aprender sobre las diferencias
entre sexo y amor.

19.
"paso a paso, día a día se han buscado" –
contaba mi buen amigo Teixeiro.

"paso a vaso, vaso a beso, se han buscado" –
decían ellas.

Y de ahí, muchas historias de sábanas blandas.
Muchos adioses, muchos llantos.
Pero también muchos dulces recuerdos.

20.
No hay blanco sin negro,
sal sin azúcar,

buena sin mala;
de todo trae la vida,
a su tiempo.

21.
"Nunca dices Nada"
"No sabes lo que dices"
"¿Porqué?"
"Es un doble negación"
"¿y tu un sabelotodo?"
"No, soy un sabelaNada, y eso es mas chingón".

22.
Perdón, si alguna vez te hice daño,
tampoco te diré la frase trillada de Nietzsche.

23.
¡Mierda!
Nunca quiero escribir,
y termino escribiendo Nada.

Otro espantoso librejo,
para la colección
de gritos
en el espacio.

24.

Algunos hombres cuentan historias
de como conquistaron a tantas bellas mujeres,
y todo lo que hicieron con ellas;
pero aún no escucho la historia
de alguien que conquistó a una extraterrestre.
Eso sí valdría la pena escucharlo.

25.
- ¿Podemos hablar un segundo? – le dijo mi
  amigo a su amada, quien ignoraba su
  sentir.
- Seguro, dime.
- Ya se terminó, bye.

26.
¿Y que fue de esa historia de amor?
Nada, mi amigo se casó con una China.

27.
Bill Gates se divorció.
¿Me importa?
Para Nada.

28.
El tema de la Nada es demasiado extenso.

29.
Pero no sirve de Nada.

30.
¿Desde cuando escribes continuaciones?
Desde que lo preguntas.

31.
"puedo escribir los versos mas tristes esta noche"

Y yo puedo leerle los versos mas perversos
en otra noche, a sus oídos, ahora ausentes.

32.
"hablando de mujeres y traiciones"
Se fueron repitiendo las historias.
Y nunca aprendemos (Nada).

33.
"¿Qué le dijo el mar al toro?"
"Nada".

34.
"Llegó ahogado de borracho"
"¿Y cuando es el velorio?"

35.
Confieso que he bebido.

NADA
AA
D D
A   A...

www.ingramcontent.com/pod-product-compliance
Lightning Source LLC
Chambersburg PA
CBHW070427240526
45472CB00020B/1564